MISSION Umweltschutz

HINWEIS:

Brauchst du beim Lesen der Geschichte von Anna und Leon noch Hilfe oder kommst du bei einem Rätsel nicht weiter? Gemeinsam mit einem Erwachsenen macht es genauso viel Spaß – und so kannst du trotzdem miträtseln!

„Leon, warte auf mich!", ruft Anna und läuft ihrem besten Freund nach. Ihr Hund Theo folgt ihr. Wie jeden Tag gehen sie vor der Schule mit Theo am Fluss spazieren. Dort erwartet sie heute jedoch eine böse Überraschung: Überall liegt Müll! Plastiktüten, leere Flaschen und Dosen liegen herum. Erschrocken bleiben Anna und Leon stehen. „Was ist denn hier passiert? Das sieht ja schrecklich aus!", meint Leon. „Aber sieh mal, was hat Theo denn da gefunden?" Der eifrige Hund springt neben einer kleinen Kiste aufgeregt auf und ab. Gespannt öffnen die Kinder die Kiste. Darin befindet sich ein Zettel mit rätselhaften Symbolen. „Weißt du, was das heißt?", fragt Anna ratlos. „Nein", antwortet Leon, „die Nachricht scheint verschlüsselt zu sein. Aber es hat sicher was mit der Welt zu tun. Schließlich ist auf der Kiste eine Weltkugel aufgemalt!" - „Du hast recht", meint Anna. „Schade, ich dachte schon, wir hätten einen Schatz gefunden! Aber lass uns die Kiste und den Zettel trotzdem mitnehmen."

Anna, Leon und Theo spazieren weiter und erreichen den nahe gelegenen Wald. Auch hier liegen viele Abfälle auf dem Boden. „Schon wieder so viel Müll, Anna!", ruft Leon empört. „Das können wir nicht so liegen lassen. Komm, wir räumen auf!" Gemeinsam fangen sie an, den Müll aufzusammeln. „Sag mal, kommt dir dieses Symbol an dem Baum nicht auch bekannt vor?", überlegt Leon. „Jetzt weiß ich es wieder – das ist auch auf dem Zettel, den wir gefunden haben! Ich glaube, wir müssen auf Symbole achten! Vielleicht steht jedes Symbol für einen Buchstaben!"

Verwende hier die Rätselsticker

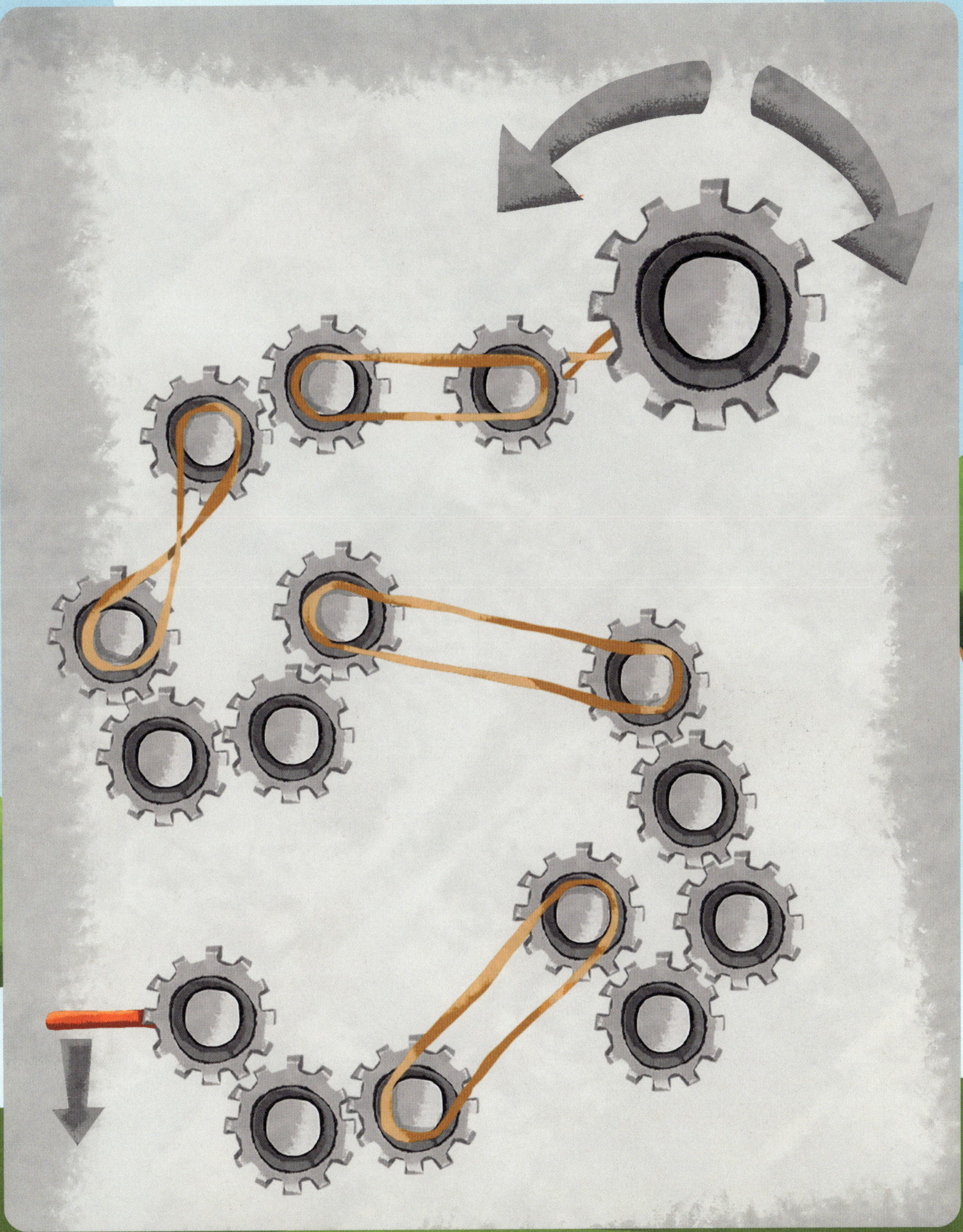

Finde heraus, in welche Richtung sich das große Zahnrad dreht, wenn der Hebel nach unten gedrückt wird. Klebe dazu den passenden Pfeil auf.

LINKS = T **RECHTS = S**

Wusstest du, dass …
… Windkraft als erneuerbare Energiequelle bezeichnet wird? Dazu gehören auch die Sonne, Wasserkraft und bestimmte Pflanzen. Sie stehen uns unendlich zur Verfügung oder wachsen immer wieder nach – im Gegensatz zu fossilen Energieträger wie Kohle oder Erdgas.

Von der Wiese geht es weiter zu Annas Haus, um ihre Schulsachen zu holen. Sie erreichen den Garten, in dem viele bunte Blumen blühen. Insekten schweben durch die Luft und fliegen von Blüte zu Blüte. „Ach, ist das schön!", ruft Anna laut und lacht. „Sieh mal, was fliegt denn da?"

Verwende hier die Rätselsticker

Wer fliegt denn hier so eifrig durch den Garten? Wenn du die Rätselsticker zu dieser Seite richtig einklebst, kannst du es herausfinden.

LIBELLE = A BIENE = M

SCHMETTERLING = E

Wusstest du, dass …
… neben Bienen und Hummeln auch Schmetterlinge beim Bestäuben der Pflanzen helfen? Die fleißigen Bestäuber sorgen dadurch übrigens für Obst und Gemüse.

Tipp:
Für Insekten ist es oft sehr schwer, geeignete Nistplätze zu finden. Doch du kannst ganz leicht helfen und Insektenhotels selber basteln. Einfach Bambusröhrchen, kleine Äste und getrocknete Gräser in eine leere, ausgewaschene Konservendose oder ein leeres Marmeladenglas füllen und draußen aufstellen – fertig!

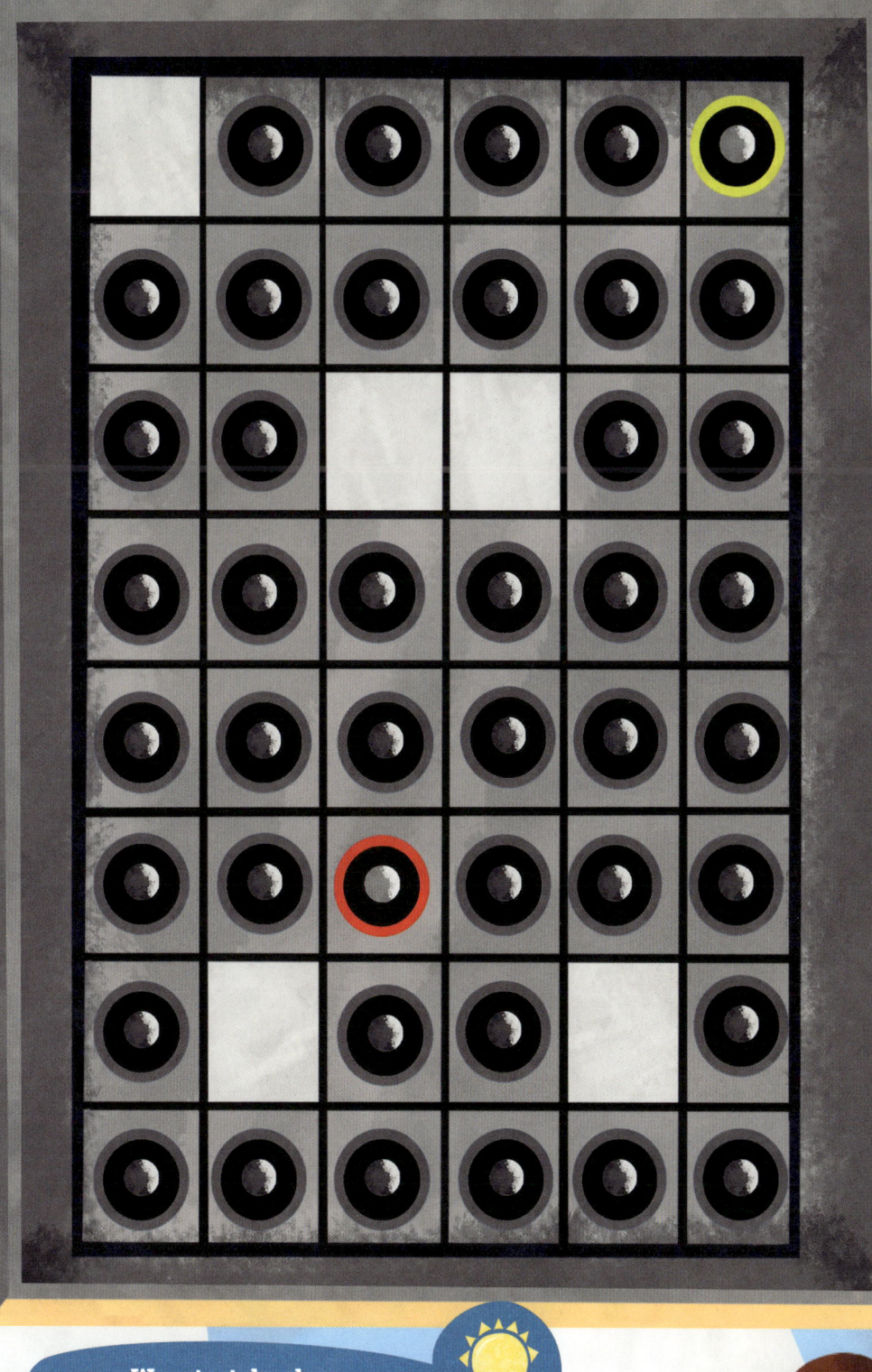

Wusstest du, dass ...
... die Deutschen im Stand-by-Betrieb 14 Milliarden Kilowattstunden Strom im Jahr verbrauchen?

Tipp:
So sparst du ganz einfach Strom: Schalte das Licht aus, wenn du einen Raum verlässt und lasse deinen Computer nicht laufen, wenn du ihn nicht benutzt. Ziehe auch Ladekabel aus der Steckdose, wenn du sie nicht brauchst – sie verbrauchen sonst ebenfalls Strom.

Verwende hier die Rätselsticker

Gemeinsam gehen sie in den Vorratsraum, um Theos Futter zu holen. Doch als sie vor dem Regal stehen und Anna versucht, die Packung mit Hundefutter zu erreichen, fällt die Tür zu! Sie sind eingeschlossen! „Oh nein!", ruft Leon. „Wie sollen wir denn hier wieder herauskommen?" Er untersucht das Zahlenschloss, das an der Tür hängt. Die Nummern darauf haben die gleichen Farben wie die Mülltonnen, die hier stehen. Das muss etwas bedeuten! Sie blicken sich weiter um und entdecken, dass auch hier einiges an Müll herumliegt. „Wir müssen uns beeilen! Sonst kommen wir noch zu spät zur Schule!"

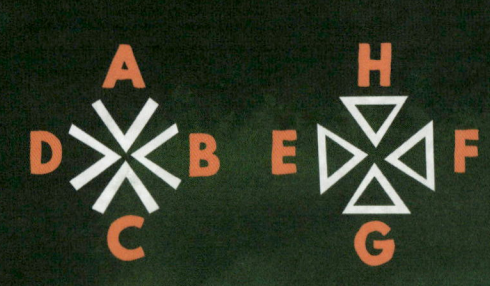

Puh! Gerade noch rechtzeitig schaffen es Anna und Leon in die Schule. Und auch hier ist es heute spannend! Die Lehrerin hat den Schülern ein Rätsel mitgebracht. Sie müssen eine verschlüsselte Nachricht entziffern!

? Warum schaut der Eisbär so traurig? Wenn du es schaffst, den Text an der Tafel zu entziffern, findest du es heraus. Der Eisbär ist traurig, weil ...

... er Hunger hat. **= R**

... seine Eisscholle schmilzt. **= W**

... seine Tatze verletzt ist. **= K**

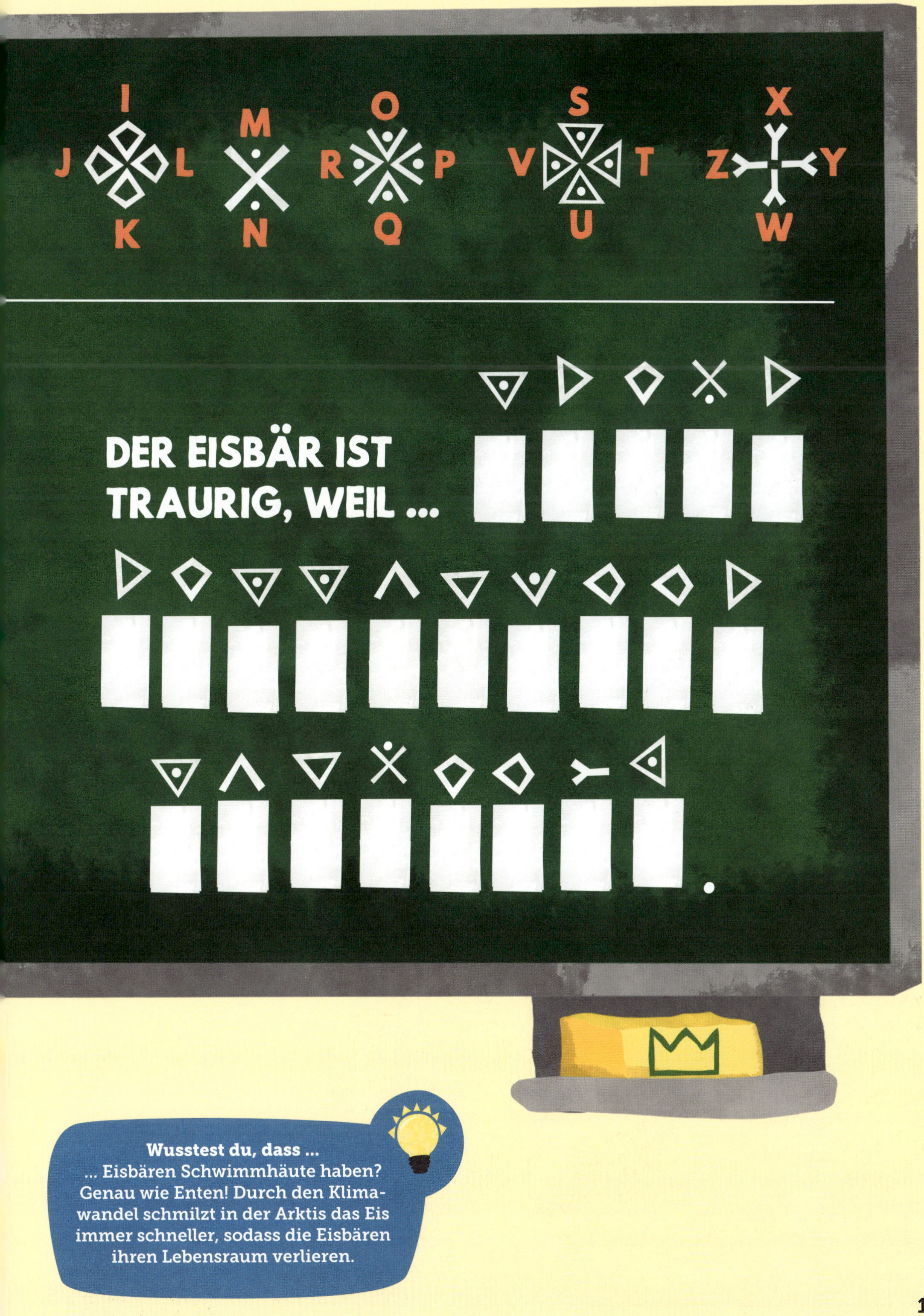

DER EISBÄR IST TRAURIG, WEIL ...

Wusstest du, dass ...
... Eisbären Schwimmhäute haben? Genau wie Enten! Durch den Klimawandel schmilzt in der Arktis das Eis immer schneller, sodass die Eisbären ihren Lebensraum verlieren.

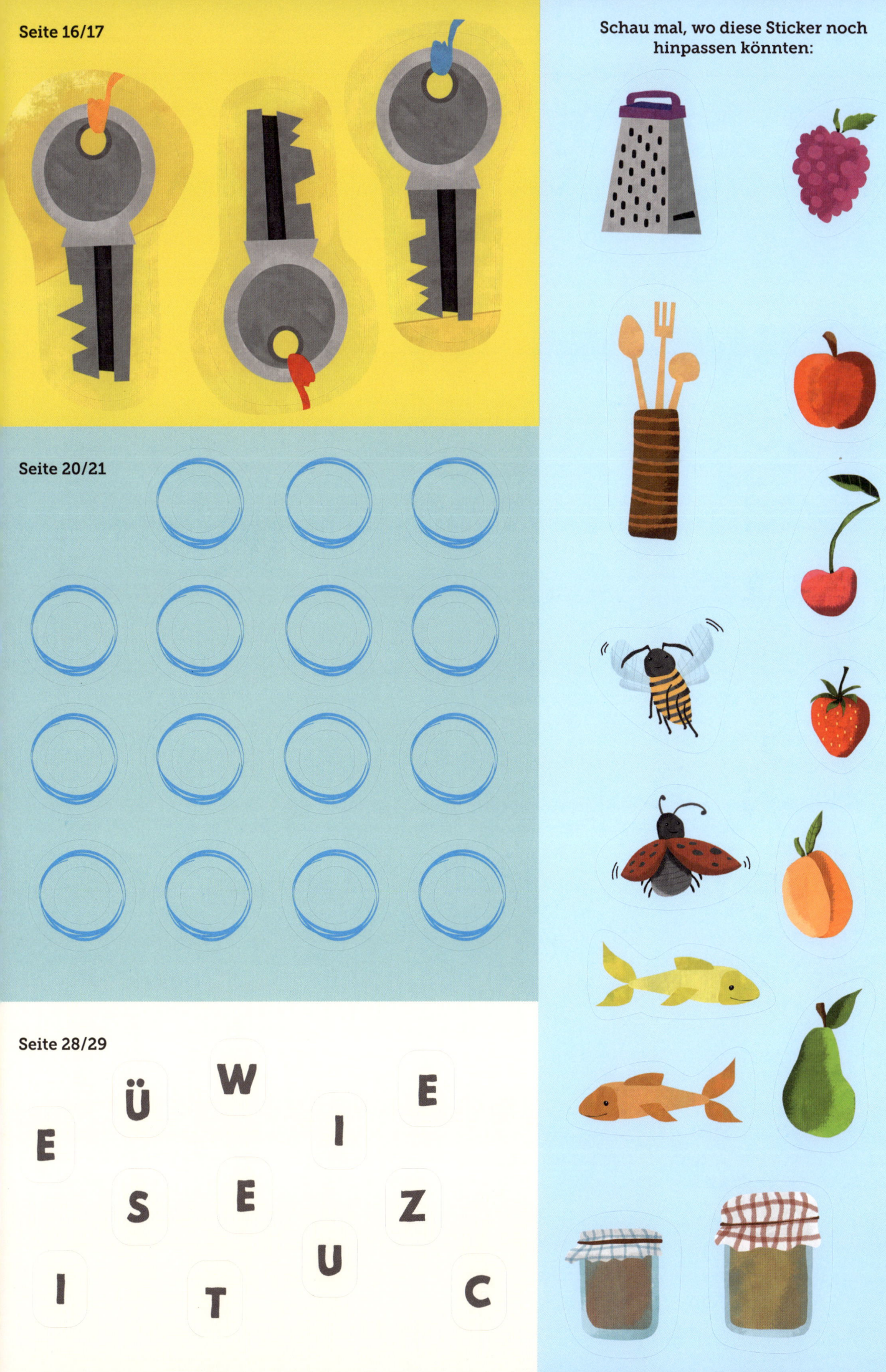

Nachdem Leon endlich den richtigen Schlüssel gefunden hat, schwingen sich die Kinder auf die Fahrräder und machen sich auf den Weg in die Stadt. „Wie kommen wir ins Stadtzentrum?", fragt Anna. Leon ist vorbereitet: „Schau mal, ich habe einen Straßenplan mitgenommen. Hier sind auch Straßensperrungen und Straßen mit viel Verkehr eingezeichnet. Die Lehrerin hatte recht, hier herrscht ganz schön viel Verkehr. Lass uns ein Spiel daraus machen: Wir nehmen nur Straßen, in denen keine Autos fahren und dürfen nur rechts abbiegen oder geradeaus fahren!"

Findest du den Weg ins Stadtzentrum? Du darfst nur geradeaus fahren und rechts abbiegen! Vermeide Straßen, in denen Autos fahren.

Wie oft bist du rechts abgebogen?

6 = L
26 = J
16 = I

Wusstest du, dass...
... 14 % der Klimaprobleme unserer Erde mit dem Autoverkehr zu tun haben?

Tipp:
Schlage deinen Eltern vor, so oft es geht auf Auto, Flugzeug und Co. zu verzichten. Nutzt stattdessen eure Fahrräder oder den Zug. Oder ihr geht einfach zu Fuß! Das schont nicht nur die Umwelt, sondern ist auch noch gesund und macht Spaß!

Tipp:
Bitte deine Eltern, lokal und regional einzukaufen. Gut ist es auch, saisonal zu essen, also einzukaufen, was je nach Jahreszeit gerade wächst.

Anna und Leon kommen vor Franzi an den Strand und setzen sich schon einmal glücklich in den Sand. Dort erleben sie eine Überraschung: Gerade sind kleine Schildkröten geschlüpft! Die Tiere suchen jetzt den Weg zum Meer. „Wir müssen ihnen helfen!", ruft Leon aufgeregt. „Sie müssen unbedingt das Wasser erreichen, sonst können Vögel und andere Tiere sie fressen!"

Wusstest du, dass ...
... es Schildkröten schon seit über 220 Mio. Jahren gibt? Damit sind sie älter als die meisten Dinosaurier!

Tipp:
Verzichte so gut es geht auf Plastik. Plastiktüten, Flaschen und gefährliches Mikroplastik landet oft im Meer und ist eine Gefahr für viele Tiere.

Die Freunde lieben es zu schnorcheln. Unterwasser gibt es immer etwas zu entdecken! Jedoch ist das Wasser stellenweise sehr tief. Leon hat Angst vor tiefem Wasser! Als sie einmal zum Luft holen auftauchen, bemerkt Anna: „Leon! Ich glaube, ich habe gerade das letzte Symbol entdeckt, das uns noch gefehlt hat! Jetzt können wir den Brief lesen! Ich bin so aufgeregt!"

Wusstest du, dass ...
... mehr als 70 % der Erde mit Wasser bedeckt sind? Daher wird sie auch „der blaue Planet" genannt.

Tipp:
Auch Sonnencreme kann für Gewässer schädlich sein, indem sie Korallenriffe absterben lässt und Fische schädigt. Es gibt jedoch spezielle „reef-friendly", also „Riff freundlich", gekennzeichnete Sonnencremes.

? Leon hat Angst, wenn das Wasser zu tief ist. Finde den richtigen Weg unter Wasser. Du startest bei 4 Metern und darfst nie tiefer als 10 Meter kommen. Rot markierte Felder darfst du doppelt überqueren.

Wie viele Felder bist du bis zum Ziel gegangen?

10 = H   14 = E   12 = Z

„Wir können den Brief tatsächlich lesen! Irgendwie haben wir ja doch einen Schatz gefunden, Leon! Immerhin geht es um unsere Erde, die wir wie einen Schatz behüten müssen, um weiterhin darauf zu leben!", überlegt Anna. „Du hast recht!", erwidert Leon. „Und es ist so einfach, etwas für die Umwelt zu tun – schon mit Kleinigkeiten wie Mülltrennen oder Fahrradfahren können wir helfen!" Zufrieden legt sich Anna in den Sand und genießt die Sonne.

? Mit deinen Notizen zu den gesammelten Buchstaben und Symbolen kannst du nun den verschlüsselten Brief entziffern. Nutze die Rätselsticker und füge die fehlenden Buchstaben an den richtigen Stellen ein.

BESCH⦵△ZE

D〰️IN▢

⬇M👑❀LT

W✣E

E🌷NEN

☘★ HAT ☀

LÖSUNGEN

SEITE 4/5:

SEITE 6/7:
Links

SEITE 8/9:
Schmetterling

SEITE 10/11:

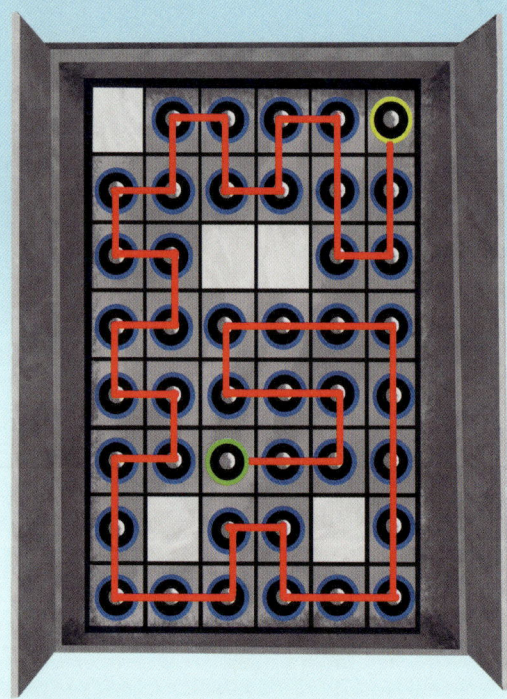

SEITE 12/13: 2-3-1-1

SEITE 14/15:
... weil seine Eisscholle schmilzt.

SEITE 16/17:

SEITE 18/19:

SEITE 20/21:

SEITE 22/23:
Aprikose= ½
Erdbeere= 1 ½
Traube= 1
Birne= 1 ½

Die Antwort ist: 🍇

SEITE 24/25:

SEITE 26/27:

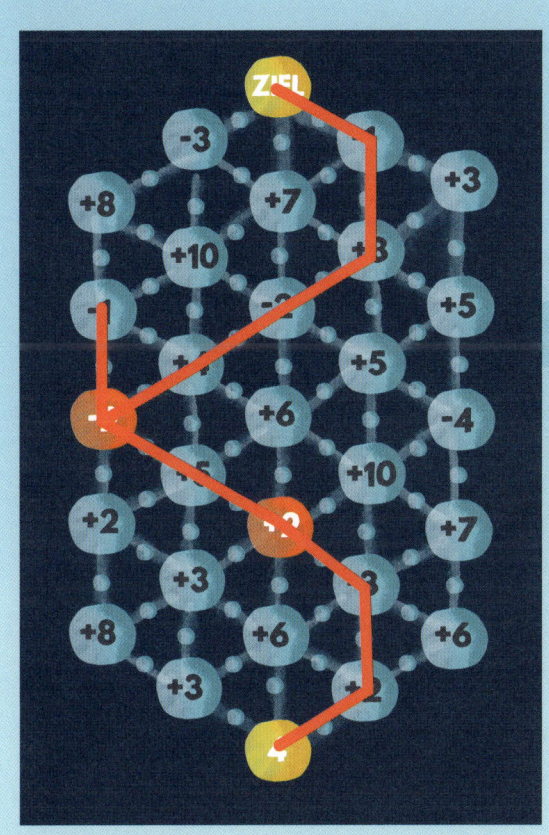

SEITE 28/29:

BESCHÜTZE
DEINE
UMWELT
WIE
EINEN
SCHATZ

IMPRESSUM

© 2021 Edition Michael Fischer GmbH, Donnersbergstr. 7, 86859 Igling

Konzept, Text und Redaktion: Lea Niesler
Covergestaltung und Layout: Celina Reiser
Satz: Pia von Miller
Illustrationen: Pia von Miller

ISBN: 978-3-7459-0877-0
Druck und Bindung: LANAREPRO GmbH, Peter-Anich-Straße 14, 39011 Lana, Italien

www.emf-verlag.de

Die im Buch veröffentlichten Aussagen und Ratschläge wurden von VerfasserInnen und Verlag sorgfältig erarbeitet und geprüft. Eine Garantie für das Gelingen kann jedoch nicht übernommen werden, ebenso ist die Haftung der VerfasserInnen bzw. des Verlags und seiner Beauftragten für Personen-, Sach- und Vermögensschäden ausgeschlossen.